1 2 3 4 5
6 7 8 9 10
11 12 13
14 15 16
17 18 19 20

Brick by Brick

WeldonOwen
PUBLISHING

5 x  **1 x**  **1 x**

1 house

7 x 🧱 1 x 🧱 1 x 🧱

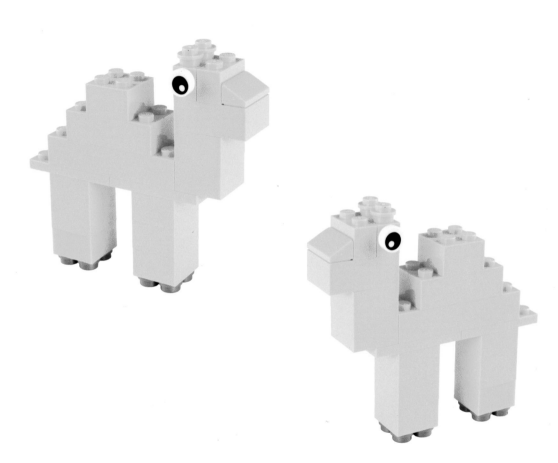

2 camels

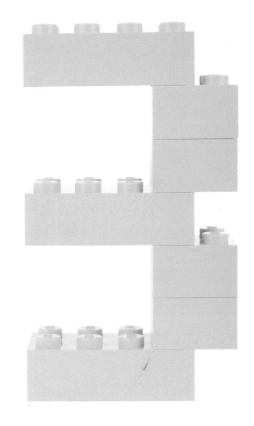

4 x 3 x

3 whales

9 x  1 x  1 x

4 pandas

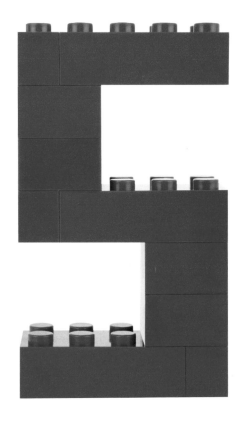

4 x 3 x 3 x

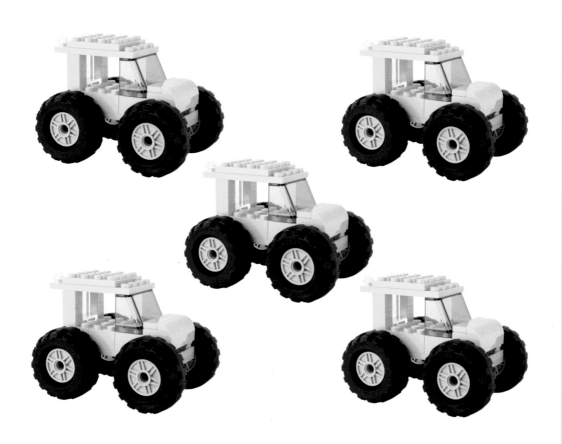

5 tractors

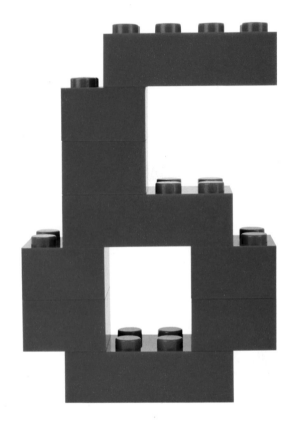

6 x **3 x**

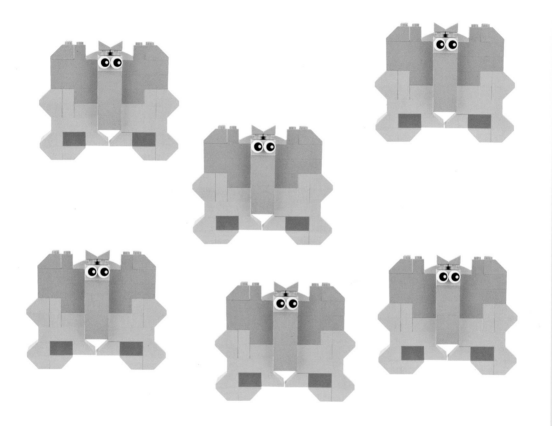

6 butterflies

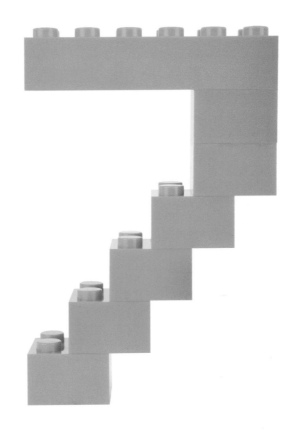

6 x 1 x

7 penguins

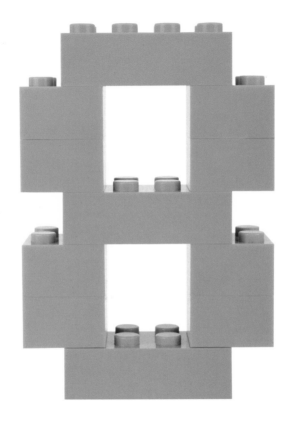

8 x 🧱 3 x 🧱

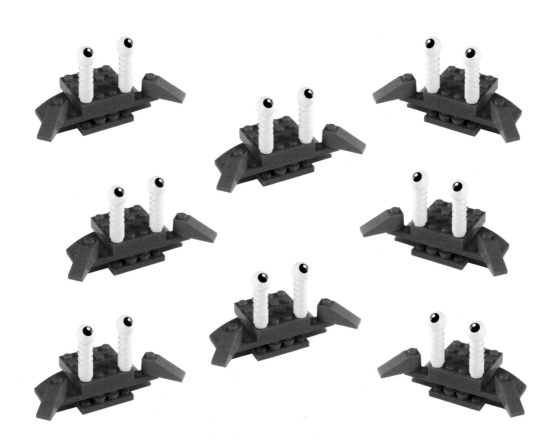

8 crabs

6 x  3 x

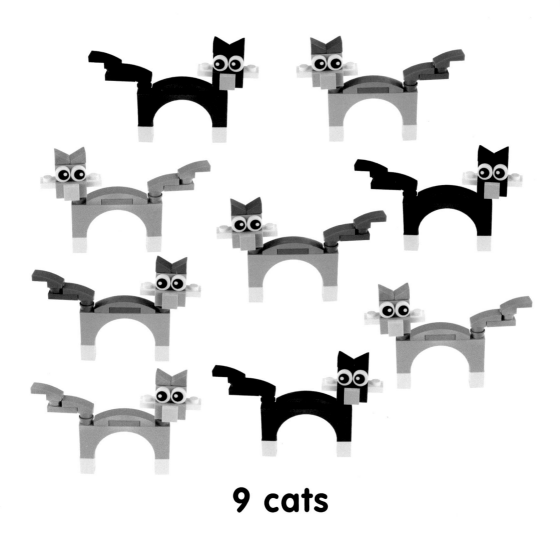

9 cats

15 x 3 x 1 x

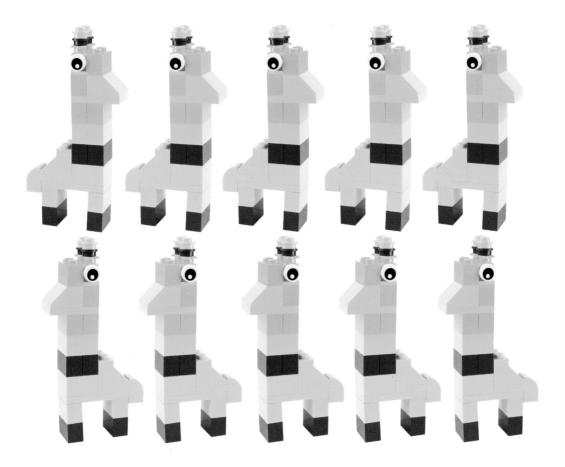

10 giraffes

10 x **2 x** **2 x**

11 robots

12 x 2 x 2 x

12 birds

9 x 4 x 1 x

13 bees

1x 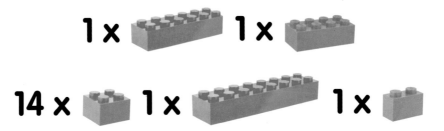 1x

14x 1x 1x

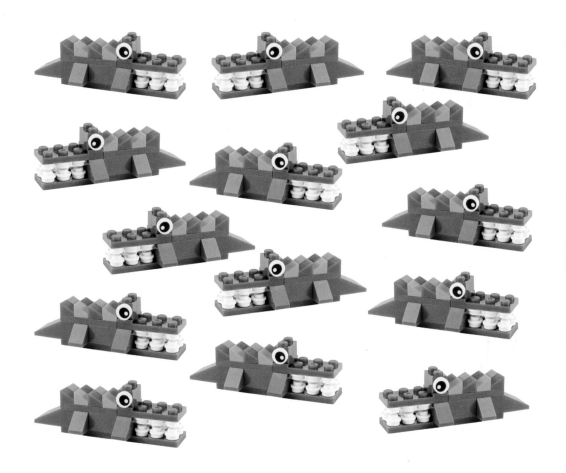

14 crocodiles

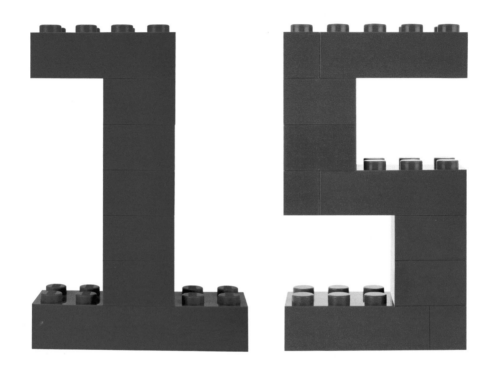

1x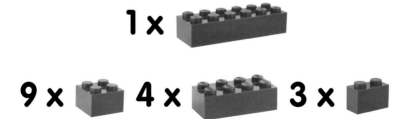

9x 4x 3x

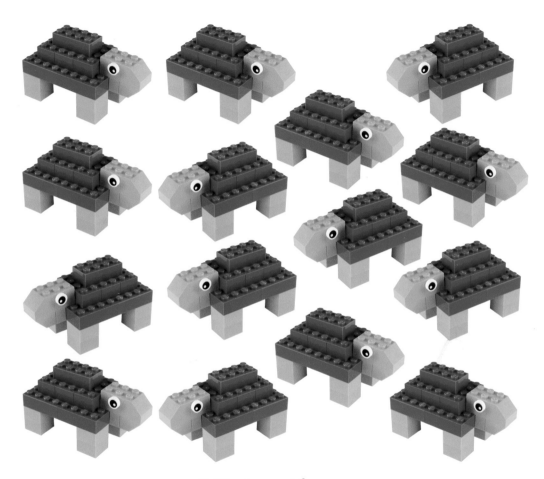

15 turtles

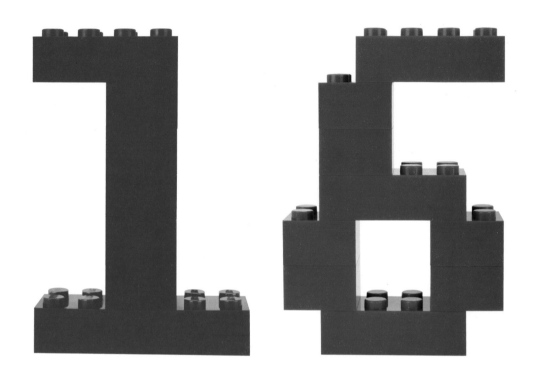

11 x 4 x 1 x

16 trees

11 x ![brick 2x2] 2 x ![brick 2x6] 1 x ![brick 2x4]

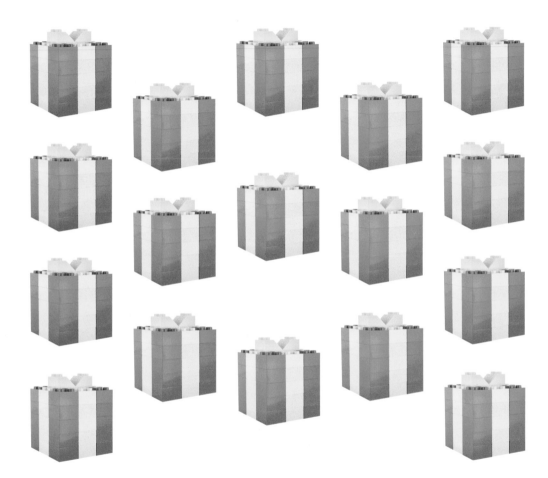

17 presents

13 x **4 x** **1 x**

18 hearts

11 x 4 x 1 x

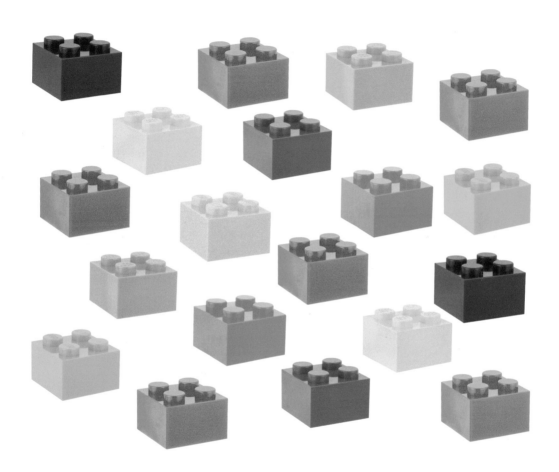

19 rainbow bricks

17 x  **3 x**  **1 x**

20 flowers

add

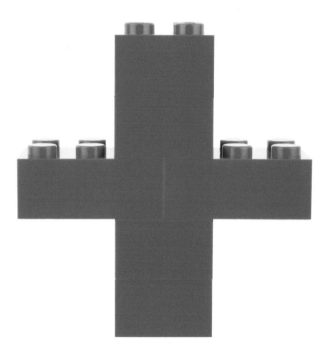

4 x 🧱 2 x 🧱

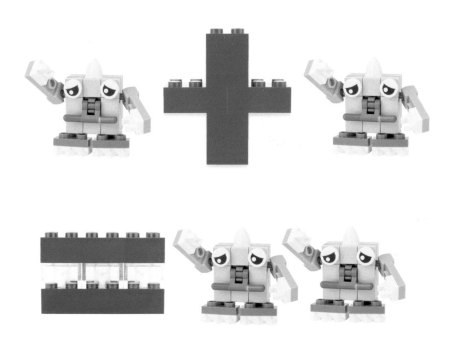

1 robot + 1 robot = 2 robots

take away

1 x

2 pandas – 1 panda = 1 panda

multiply

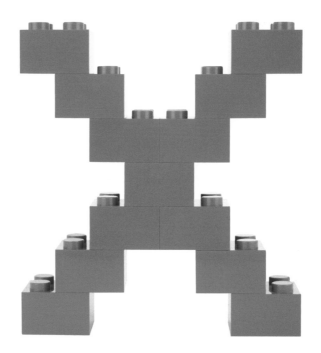

13 x

2 flowers x 3 flowers = 6 flowers

divide

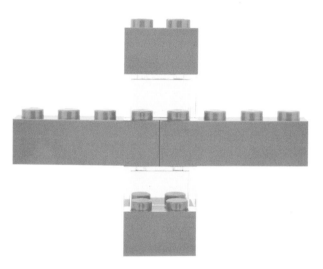

2 x 2 x 2 x

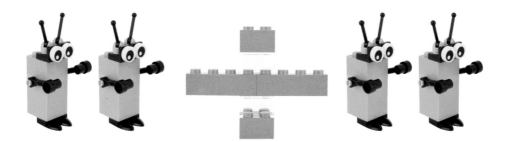

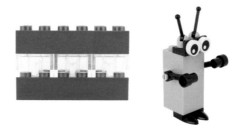

2 robots ÷ 2 robots = 1 robot

equals

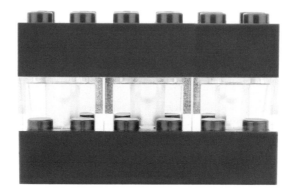

3 x **2 x**

1 giraffe + 1 giraffe = 2 giraffes

how many butterflies can you count?

how many crabs can you count?

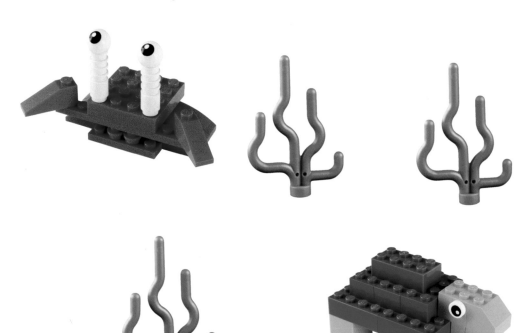

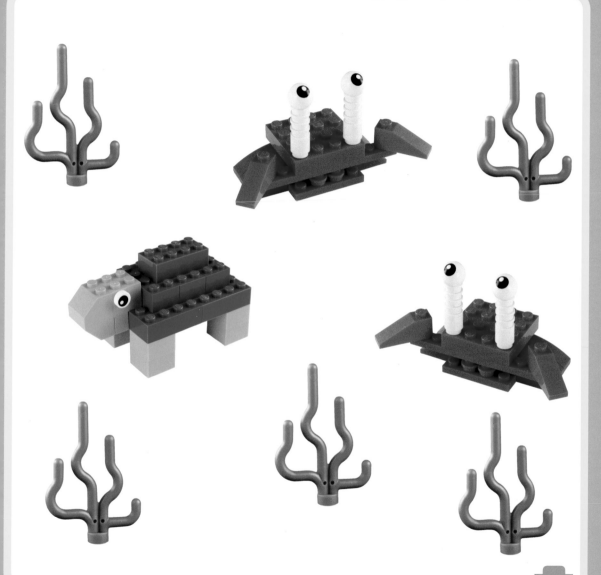

how many black cats can you count?

how many blue bricks can you count?

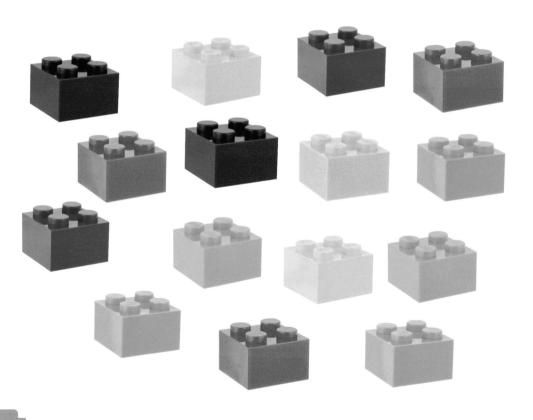

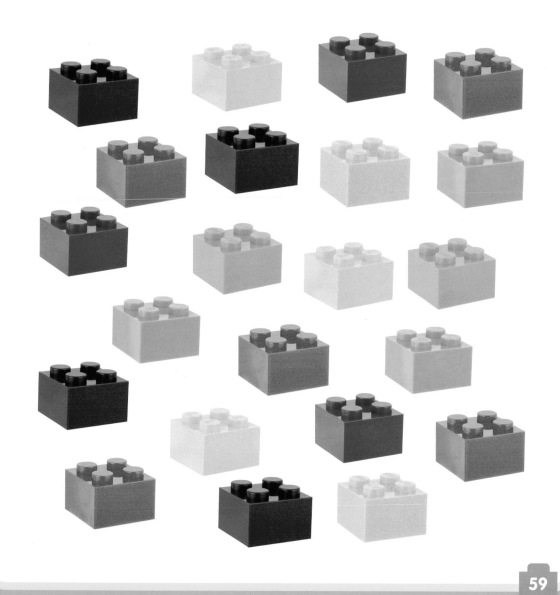

how many pink flowers can you count?

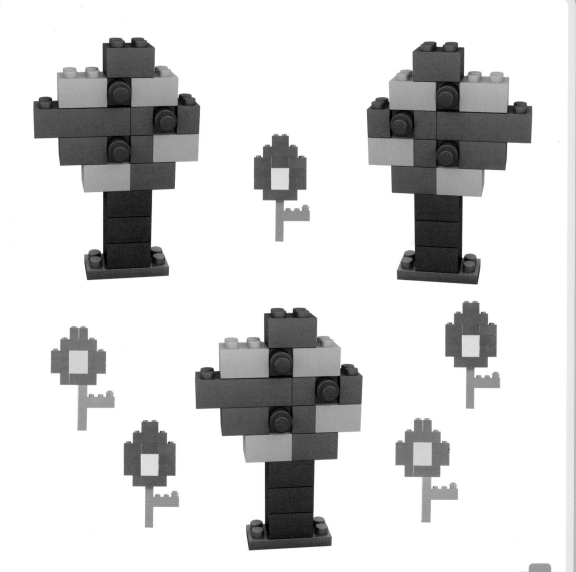

how many yellow robots can you count?

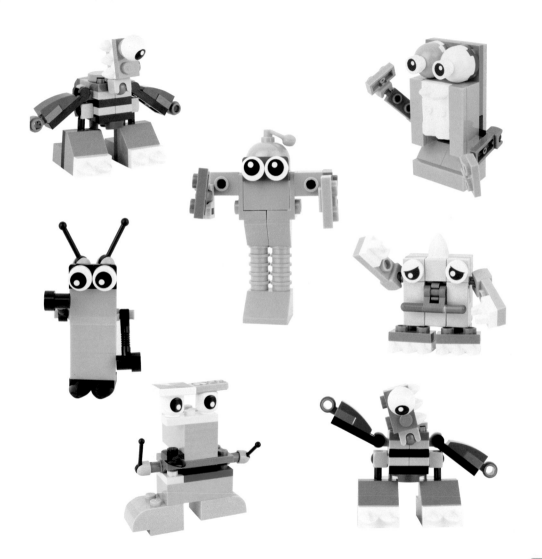

First published in the UK by
Weldon Owen
King's Road Publishing
The Plaza
535 King's Road
London SW10 0SZ
www.weldonowen.co.uk
www.bonnierpublishing.com

Created by:
Editorial: Hazel Eriksson and Fay Evans
Design: Emma Vince and Gareth Butterworth
Publisher: Donna Gregory

Printed in China

10 9 8 7 6 5 4 3 2 1

ISBN: 978-1-78342-274-6

Picture Credits
Images used under license from
Shutterstock.com:
Pages 33, 60, 61 "Tree" © ersin ergin
Page 37 "Red Valentine Heart" © PeterVrabel

1 2 3 4 5
6 7 8 9 10
11 12 13
14 15 16
17 18 19 20